Theo Buck
Bildersprache
Celan-Studien II

Theo Buck

Bildersprache

Celan-Motive bei László Lakner
und Anselm Kiefer

Celan-Studien II

Mit je drei Abbildungen von
László Lakner und Anselm Kiefer

Rimbaud

Du weißt: der Sprung geht über dich, immer

Paul Celan

Todesfuge

Schwarze Milch der Frühe wir trinken sie abends
wir trinken sie mittags und morgens wir trinken sie nachts
wir trinken und trinken
wir schaufeln ein Grab in den Lüften da liegt man nicht eng
Ein Mann wohnt im Haus der spielt mit den Schlangen der schreibt
der schreibt wenn es dunkelt nach Deutschland dein goldenes Haar
                                        Margarete
er schreibt es und tritt vor das Haus und es blitzen die Sterne er
                            pfeift seine Rüden herbei
er pfeift seine Juden hervor läßt schaufeln ein Grab in der Erde
er befiehlt uns spielt auf nun zum Tanz

Schwarze Milch der Frühe wir trinken dich nachts
wir trinken dich morgens und mittags wir trinken dich abends
wir trinken und trinken
Ein Mann wohnt im Haus der spielt mit den Schlangen der schreibt
der schreibt wenn es dunkelt nach Deutschland dein goldenes Haar
                                        Margarete
Dein aschenes Haar Sulamith wir schaufeln ein Grab in den Lüften
                            da liegt man nicht eng

Er ruft stecht tiefer ins Erdreich ihr einen ihr andern singet und spielt
er greift nach dem Eisen im Gurt er schwingts seine Augen sind blau
stecht tiefer die Spaten ihr einen ihr andern spielt weiter zum Tanz auf

Schwarze Milch der Frühe wir trinken dich nachts
wir trinken dich mittags und morgens und wir trinken dich abends
wir trinken und trinken
ein Mann wohnt im Haus dein goldenes Haar Margarete
dein aschenes Haar Sulamith er spielt mit den Schlangen

Er ruft spielt süßer den Tod der Tod ist ein Meister aus Deutschland
er ruft streicht dunkler die Geigen dann steigt ihr als Rauch in die Luft
dann habt ihr ein Grab in den Wolken da liegt man nicht eng

Schwarze Milch der Frühe wir trinken dich nachts
wir trinken dich mittags der Tod ist ein Meister aus Deutschland
wir trinken dich abends und morgens wir trinken und trinken
der Tod ist ein Meister aus Deutschland sein Auge ist blau
er trifft dich mit bleierner Kugel er trifft dich genau
ein Mann wohnt im Haus dein goldenes Haar Margarete
er hetzt seine Rüden auf uns er schenkt uns ein Grab in der Luft
er spielt mit den Schlangen und träumet der Tod ist ein Meister aus
                                        Deutschland
dein goldenes Haar Margarete
dein aschenes Haar Sulamith

aus: Paul Celan: Mohn und Gedächtnis,
      Stuttgart 1952, S. 37-39.
      (Das Gedicht entstand 1945)

Kein anderer deutschsprachiger Autor der Nachkriegsgeneration hat so viele künstlerische Reaktionen malender oder komponierender Kollegen ausgelöst wie Paul Celan mit seinen Gedichten. Der Musikwissenschaftler Martin Zenck hat unlängst 97 Kompositionen auf Texte von Celan registriert, davon allein zehn Vertonungen der «Todesfuge»[1]. Dabei ist seine Liste nicht einmal vollständig. Zahlenmäßig durchaus vergleichbar sind die bildnerischen Reflexe[2]. Bereits Celans erster Gedichtband («Der Sand aus den Urnen», 1948) enthielt zwei Originalgraphiken von Edgar Jené. Es ist allerdings besser, darüber gnädig den Mantel des Schweigens zu breiten. Sie könnten durchaus mit ein Grund dafür sein, daß sich Celan am Anfang seiner Pariser Zeit wiederholt gegen ‹bibliophile› Ausgaben von Gedichten mit Illustrationen bekannter Maler ausgesprochen hat. Er ging dabei wohl davon aus, «beide Kunstgattungen seien in sich geschlossen, es könne das Gedicht im Bild nicht eine Ergänzung finden, das Bild keine Erklärung durch das Gedicht.»[3]

Trotz solcher Vorbehalte kam es Mitte der sechziger Jahre zu einer ebenso engen wie fruchtbaren künstlerischen Zusammenarbeit mit seiner Frau, der Malerin Gisèle Celan-Lestrange. 1965 erschien eine von ihr mit acht Radierungen illustrierte Sonderausgabe des Gedichtzyklus' «Atemkristall». Vier Jahre später folgte ein zweiter gemeinsamer Band unter dem Titel «Schwarzmaut» mit fünfzehn Radierungen zum ersten Zyklus der postum erschienenen Sammlung «Lichtzwang»[4]. Celan betonte hierzu gegenüber seiner Frau in einem auf französisch geschriebenen

Brief: «In Deinen Stichen erkenne ich meine Gedichte wieder, sie gehen in sie ein, um in ihnen zu bleiben.»[5] Noch stärker kommt die konstatierte Symbiose der zwei Künste in einem weiteren Brief an Gisèle aus dem gleichen Zeitraum zur Sprache. Dort heißt es: «Deine Stiche sind sehr schön, [...] und meine Dichtung wird sich stets in ihrem Leuchten und ihrem Licht, in ihren Rillen und geleitet von ihren Unebenheiten wohl fühlen.»[6]

Was in beiden Äußerungen von Celan so eindringlich hervorgehoben wird, ist der Glücksfall wechselseitiger künstlerischer Korrespondenz. Wohlgemerkt Korrespondenz, nicht etwa Übereinstimmung oder gar Egalität. Es kann sich also keinesfalls darum handeln, den thematischen Zusammenhang auf bloße Widerspiegelung einzuengen. Ästhetisch interessant wird eine solche Entsprechung erst, wenn jede der Künste dabei frei den ihr gemäßen Weg nehmen kann. Ganz besonders gilt das natürlich im Falle der nachträglichen Hommage eines Künstlers für einen wahlverwandten Vorläufer. Ohne radikale Umgestaltung gemäß den Erfordernissen des anderen Mediums kann diese Art kreativer Rezeption nicht glücken. Übertragung ist gefragt, nicht einfache Übernahme. Für den mit seiner Interpretation an einem bestimmten Punkt des Referenztextes ansetzenden Maler ist Dichtung lediglich ein Bezugsmuster. Es geht dabei darum, den lyrischen Ausdruckszusammenhang mit seinen genuinen Sprachbildern in optisch direkt wahrnehmbare Bildlichkeit zu überführen. Das wiederum erfordert neben großem Einfühlungsvermögen ebenso ein hohes Maß an eigener Kreativität. Um klar zu machen, wie verschieden die hierbei zustandekommenden Resultate ausfallen, bedarf es des konkreten Vergleichs. Als Beispiele dienen uns stark voneinander abweichende bildnerische Reflexe auf Motive aus der «Todesfuge» Paul Celans bei László Lakner und Anselm Kiefer.[7]

Beide Künstler haben den Wortlaut des Celanschen Gedichts intensiv auf sich wirken lassen und ihn dann in ihre jeweilige Bildsprache übertragen. Dabei entstanden zahlreiche Bilder und Objekte, in denen wir pikturale Weiterungen vorgegebener poetischer Strukturen erkennen. Demnach besteht die künstlerische Kollaboration mit Celan hier im bildnerischen Nachdenken über bestimmte Leitmotive des Gedichts. – Für diesen Transformationsprozeß gilt die Formulierung Franz Mons: «Text wird Bild wird Text»[8]. Denn damit läßt sich sowohl die Umsetzung einer Textpartie in eine ideographische oder piktographische Bildlandschaft erfassen wie auch die dadurch initiierte mögliche Rückwirkung auf den Referenztext. Allerdings ist eines dabei wichtig: Selbst wenn das Wortmaterial bildlich vermittelt wird, bleibt das so entstandene Bildmaterial bis zu einem gewissen Grad sprachunterlegt. Durch die visualisierte Bildlösung schimmert der Text gleichsam palimpsestartig hindurch wie die originäre Schrift auf einem abgeschabten und dann neu beschriebenen Pergament. Andererseits kann die Rückkopplung einer Verbildlichung in uns wiederum eine produktive Zunahme des textlichen Spielraums auslösen.

Wie aber kommt es überhaupt zu diesem Sachverhalt? Welche Faktoren sind daran beteiligt? Man kann das zunächst nur ziemlich allgemein beantworten: Dichter schreiben oft mit den Augen. Zur Lyrik gehört eben unbedingt ihre Bildlichkeit. Neben Klang und Rhythmus stellt sie das hauptsächliche Wesensmerkmal des poetischen Sprechens dar. Mit Recht hat darum Gerhard Kurz betont: «Die Metapher ist etwas, das mit einem Wort geschieht.»[9] Es erfolgt also eine Verwandlung. Im Hinblick auf die Prädikation der literarischen Formulierung wirkt sie sich aus als eine anreichernde Potenz. Die metaphorische Aufladung eröffnet gewissermaßen ein semantisches Sprachspiel. – In seinem Buch über «Sprachen der Kunst» hat Nelson Goodman die Metaphorisierung folgendermaßen ‹ins Bild gesetzt›: «Die Metapher ist», wie er ironisch anmerkt, «eine Affaire zwischen einem Prädikat mit Vergangenheit und einem Objekt, das sich unter Protest hingibt.»[10] Als das amalgamierte Resultat dieser ‹Affaire› präsentiert sich uns das poetische Sprachbild mit seiner innovativ ausgedehnten semantischen Plastizität. Der so vertiefte

Bedeutungsraum ist geradezu ein Indiz für den Poetizitätsgrad eines Textes und außerdem ein entscheidender Faktor für die ästhetische Wirkung.

In der Affinität der Dichtung zur Bildsprache ist wohl mit der Grund dafür zu sehen, daß die Bildinformation eines Textes, dem direkt Abgebildetes fehlt, immer wieder zum Bildausdruck drängt. Historisch führte dieser Impuls zu sehr unterschiedlichen visuellen und visualisierten Textformen vom barocken Bildgedicht bis zur konkreten Lyrik. In den gleichen Zusammenhang einer Schnittmenge zwischen beiden Kunstbereichen gehören ebenso die Schriftimplantate der Kubisten oder der russischen Avantgarde wie auch das in der modernen Kunst verstärkt auftretende Phänomen, daß Bilder gleichsam ‹den Mund aufmachen›, indem sie schriftlich Fixiertes, also Schriftzitate oder schriftähnliche Zeichen, in ihre Bildsprache hineinnehmen. Stets werden auf diese Weise die beiden sonst getrennt verlaufenden Diskurse der Kunstgattungen auf einer Darstellungsebene zusammengeführt. Wort-Sprache wird zum Bild-Zeichen mit ikonischem Profil. Im Umschlag vom Sprach-Bild zur Bild-Sprache geht die Initiative vom ‹malenden› Dichter zum ‹dichtenden› Maler über.

Exakt in diesen Bereich gehören die pikturalen Herleitungen Lakners und Kiefers vom Text der «Todesfuge». Sie entwickeln aus den Sprach-Bildern des Lyrikers die Sprache ihrer Bilder. Es ist die Transformation von Bilder-Schrift in Schrift-Bilder, weil die Maler hier ihre Bildidee ‹über das Wort› (als Weg) und ‹über dem Wort› (im Sinne des Medienwechsels) entstehen lassen. Einige wenige Beispiele aus dem Werkzusammenhang beider Künstler sollen nun diesen Vorgang veranschaulichen.

Lakner hat im Rahmen seines in der ersten Hälfte der achtziger Jahre entstandenen Zyklus’ «Rezitationen» auch vier Bilder über das Thema «Schwarze Milch» vorgelegt. Er malte sie mit Acryl und Sprayfarbe auf großformatiges Laken[11]. Die von ihm bei einem Aufenthalt in New

York entwickelte Mischtechnik erlaubte ihm die Situierung seiner Malschrift in spannungsvoll variierten farblichen Kraftfeldern. Sie machen die «Rezitationen» zu nachhaltigen Evokationen. – Etwa gleichzeitig, genau 1981, befaßte sich Kiefer im Rahmen seiner Versuche mit Stroh als Bildmaterial (neben Öl und Emulsion) unter anderem mit Motiven aus der deutschen Geschichte. Außer Titeln wie «Meistersinger», «Nürnberg» und «Johannis-Nacht» entstand dabei auch eine Bildfolge zum Thema «Margarete» und «Sulamith». Angeregt wurde er dazu durch Celans Leitmotivpaar innerhalb der «Todesfuge»: «dein goldenes Haar Margarete / dein aschenes Haar Sulamith»[12]. Kiefer wie Lakner haben damit wirkliche Kristallisationsmetaphern des Celanschen Gedichts aufgegriffen. – Doch nicht allein die Übernahme als Bildtitel betont die Herkunft vom Text Celans. Direkt auf den Bildern werden diese Titel wortwörtlich abgebildet als zitierte Niederschrift. So werden sie zum integrierten Bestandteil der jeweiligen Bildkomposition. Ausdrücklich suchen demzufolge die Maler eine geistige Auseinandersetzung mit dem Text der Quelle ihrer Inspiration – der «Todesfuge». Freilich geschieht das unbedingt im gleichen Geiste. Denn offenkundig ist in beiden Fällen die verbildlichende Anverwandlung ein Akt nachgetragener Sympathie im Sinne eines tiefempfundenen Mit-Leidens und Nach-Denkens.

Auch in der Folge hat die Margarete-Sulamith-Konstellation Anselm Kiefer stark beschäftigt. Im Produktionsverbund seines Großunternehmens mit dem Titel «Zweistromland» entstanden neben den viel diskutierten Bleibüchern in zwei riesigen Stahlregalen 1990 ebenfalls zwei Bücher mit der Überschrift «Sulamith»[13]. Diese Bildobjekte aus gelötetem Blei, Frauenhaar und Asche zielen eindeutig darauf ab, die Rezeptionsebene des Visuellen um die Dimension der Taktilität zu erweitern, eine Tendenz, die ohnehin dem gesamten Werkprozeß Kiefers eigen ist.

Falsch wäre es von vornherein, in den Bildvorschlägen Kiefers und Lakners Illustrationen zu sehen im Sinne einfacher metaphorischer Übertragung vom Sprachbereich in den Bildbereich. Auch dafür gibt es

Beispiele, vor allem in Gestalt einer platten Ausdeutung der häufig für Agitationszwecke mißbrauchten Wendung: «Der Tod ist ein Meister aus Deutschland»[14]. Hierbei wird nämlich dem Betrachter der Spielraum für eigenes Nachdenken und Verarbeiten genommen, weil sich die Wirkung der Aussage auf eine bloße Formel reduziert. Für die Malerei, wie Kiefer und Lakner sie repräsentieren, ist es aber gerade wichtig, dem Rezipienten seinen freien Reflexionsbereich zu lassen. Das von den Künstlern auf der Grundlage eines lyrischen Bildmotivs vermittelte Denk-Bild soll seine aktive Mitwirkung auslösen und befördern.

Zunächst allerdings bedürfen die Motive, von denen Kiefer und Lakner ausgehen, erst einmal einer wenigstens knappen Klärung. In beiden Fällen handelt es sich um konstitutive Elemente der lyrischen Konstruktion. Bekanntlich lebt Celans «Todesfuge» von der kontrapunktischen Textfügung zum Figurengegensatz von Margarete und Sulamith sowie der Opfer (in Gestalt der Trinkenden) und des mordenden «Meisters aus Deutschland». Hinzu kommt als Leitmetapher die «schwarze Milch der Frühe». Mit diesem Bild, einem Oxymoron, hat Celan eine Möglichkeit geschaffen, mit Schwarz – als der Nicht-Farbe ohne Lichtenergie – ein destruierendes adjektivisches Beiwort zum Substantiv «Milch» in den Gestaltungszusammenhang einzubringen und so eine sprachbildliche Kombination zu realisieren, die alle positiven Implikationen des Ausdrucks radikal konterkariert. Somit verkehrt sich die lebenspendende Kraft der weißen Flüssigkeit in ihr Verderben bringendes Gegenteil. Durch diese Leitformel, die jeweils am Anfang der vier Abschnitte des Gedichts steht, ist die Thematik der Menschenvernichtung literarisch präsent, ohne daß von ‹Gaskammern› oder ‹Verbrennungsöfen› die Rede zu sein braucht. Das in seinem Ausmaß sonst Unsagbare kann so (und nur so) zur Sprache gebracht werden. Genauigkeit und Gleichnischarakter bestimmen gemeinsam die Aussagequalität und Verbindlichkeit der streng logischen Metapher.

Ähnliches gilt für die Gegenüberstellung von Margarete mit dem goldenen Haar und Sulamith mit dem aschenen Haar. Neben dem literarischen Hintergrund der Faustdichtung und dem gängigen Klischee des deutschen – und natürlich blonden – Gretchens wird hier die Traditionslinie des exemplarischen jüdischen Frauenbilds im ‹Hohenlied› aufgegriffen. Allerdings nimmt Celan eine aufschlußreiche Veränderung vor. Gewöhnlich werden ja die idealen Bräute des Alten und Neuen Testaments, Sulamith und Maria, miteinander verbunden.[15] Celan übernimmt zwar den Gegensatz der idealen Bräute. Er substituiert indes der neutestamentlichen Maria das deutsche Idealbild des «golden»-haarigen Gretchens. Es entspricht dem damit von ihm vorgenommenen paradigmatischen Wechsel, daß zugleich die Attribute des Haares von Sulamith substantiell verändert werden. Der überlieferten biblischen Beschreibung («Das Haar auf deinem Haupt ist wie der Purpur des Königs, in Falten gebunden»[16]) wird konsequenterweise das «aschene Haar» der Celanschen Sulamith entgegengesetzt.

Soviel zur Herkunft der Bildmotive. László Lakner wählte, wie bereits angedeutet, die Wendung «Schwarze Milch der Frühe» für seinen malerischen Ansatz; Anselm Kiefer entschied sich für die Gegenüberstellung von Margarete und Sulamith als Ausgangspunkt für seine pikturalen Kommentare. Wie wir sehen werden, konfrontieren uns diese Entscheidungen in erster Linie mit dem «Wiedererkennen dessen, was war, und [der] Dämmerung der kommenden Strukturen»[17]. Denn Lakner wie Kiefer gehen von Wissen und Erfahrung aus. Doch vertrauen sie dabei nicht allein ihrem erinnernden Bewußtsein, sondern ebenso ihrem träumenden oder visionären Vermögen. Daraus ergeben sich zwangsläufig gewisse Unterschiede in der Art bildnerischer Reflexion bei beiden Künstlern.

Doch nun zu Lakner, dem Maler aus Ungarn, der seit nunmehr zwei Jahrzehnten in Deutschland lebt. Schon früh fühlte er sich als Künstler von der Literatur ungewöhnlich angezogen. Häufig lieferte sie ihm den Vorwand für seinen malerischen Impetus. Manfred de la Motte hat ihn

Abb. 1:

László Lakner

«Schwarze Milch», 1983

260 x 230 cm
Acryl und Sprayfarbe auf Laken

deswegen sogar scherzhaft einen «Vampir» genannt, «der sich über Kultur- und Geistesgeschichte gierig hermacht»[18]. Das wenig erquickliche Bild scheint mir allerdings den gegebenen Sachverhalt nicht zu treffen. Viel mehr als um aussaugende, gewaltsame Aneignung geht es dem auf Literatur fixierten Maler nämlich um Überprüfungen im eigenen Medium, um Sprachbefragung durch piktorale Verfremdung.

Lakner begann seine ‹Literatur-Malerei› mit kritisch-polemisch angelegten Buch-Objekten und Druckgraphik, darunter auch eine sprachspielerische Auseinandersetzung mit der ersten Verszeile der «Todesfuge» aus dem Jahr 1971. Er ging dann über zu malerischen Bekundungen vielfältiger Wahlverwandtschaften in so genannten ‹Hand-Schriften›-Bildern als huldigende Adressen an Schriftsteller und bildende Künstler, denen er sich besonders zugetan fühlt. Allerdings brachten ihn diese Hommage-Bilder unter dem Motto «Schrift als Porträt»[19] vorübergehend in eine Krise. Er beschränkte sich ausdrucksmäßig auf weiß grundierte, eingeritzte Schriftzeichen, deren Monochromie zur Monotonie geriet. Daran schloß sich, ab 1981, die neue, äußerst produktive Phase der «Rezitationen» an, zu denen, wie erwähnt, ein kleiner, Celan gewidmeter Zyklus großformatiger Bilder gehört. Man kann hier den Titelbegriff der Rezitationen ganz wörtlich nehmen. In der Tat sind es nämlich malerisch wiederholende Schriftzitate, malend ‹rezitierte› Proben eines künstlerischen ‹Vortrags›.

Seine bildnerische Arbeit mit Sprache versteht Lakner als ein Sichtbarmachen der Poesie und zwar in der Weise, sich selber erst einmal eine Textstruktur bildlich klarzulegen und diese Erfahrung dann für andere festzuschreiben. In unserem Fall geht es um die Leitmetapher «Schwarze Milch der Frühe» (s. Abb. 1, 2 und 3). Drei der vier auf Laken (Bettlaken) gemalten und geschriebenen Fassungen liegen uns vor: Eine düstere, vorwiegend schwärzliche Variante, eine grell braun-rot-schwarze und ferner eine grau-schwarze mit auffälligen blauen Einsprengseln. Die Lasurtechnik gibt dem Gesamtbild eine schwebende Farbigkeit. Durchweg ist das zentral herausgestellte, in Sprühschriftmanier über die ganze Bildfläche verteilte Celan-Zitat dem farbigen Malgrund mit einer Heftigkeit eingeschrieben, daß auf den Betrachter das skripturale Erscheinungsbild weithin entmaterialisiert wirkt.

Was aber unterscheidet, bei aller Übereinstimmung, die doch so verschiedenen Lösungen voneinander? Die von oben links nach unten rechts sich ausbreitende dunkle Farbkomposition visualisiert einen beklemmenden Bereich denaturierter und entvitalisierter Ödnis (Abb. 1). Er setzt sich zusammen aus kalt gebrochenem Weiß, ungleichmäßig verteilten roten Pinselstrichen, die den Buchstaben einer Blutspur gleich folgen, und schließlich aus ins Graue changierenden Mischeffekten auf einer schwarzen Dominante als Untergrund. Durch das Zusammenwirken der makabren Farbakzente gewinnen wir den Eindruck einer voll angemessenen Ausprägung der im Oxymoron enthaltenen gestischen Impulse. Allerdings haben wir nicht etwa eine mimetisch orientierte «Fläche aus Rauch und Asche» vor uns, wie Roland H. Wiegenstein annimmt[20], sondern eine optische Ausgestaltung der «schwarzen Milch der Frühe» in ihrer vielschichtigen Dimensionalität. Der Gegenstand des fabrikmäßig betriebenen Massenmords in den Konzentrationslagern schließt derartige Nachahmungsversuche von vornherein aus. Lakner war sich darüber offensichtlich im klaren. Darum entschied er sich für die Ausdrucksmöglichkeiten des ungegenständlich-symbolischen Malakts. Sie machen sein Bild zum Zeugnis bleibender Anklage und Trauer.

Demgegenüber verblüfft die stärker polychrom organisierte Variante (Abb. 2) mit einer strikten Betonung der Vertikale von oben nach unten. Getragen wird diese Bewegung in erster Linie durch die beiden schwarz gehaltenen Buchstabenfolgen, die in ihrem Ablauf eine diagonale Schräglinie und eine den unteren Bildteil akzentuierende Querlinie bilden. Neben der motorisch wirkenden Schriftverteilung trägt überdies die rhythmische Aufgliederung der Farbkomponenten zur intensiven Dynamisierung des Bildes bei. Die Dominanz roter, rostbrauner und schwärzlicher

Farbakzente siedelt den Reflex der Worte (hier reduziert auf die Initialworte «Schwarze Milch») unverkennbar im Prozeß einer sich vollziehenden Destruktion an. Gestützt wird dieser spannungsvolle Eindruck ferner durch die betont kontrapunktische Verteilung der unterschiedlichen Farbfelder.

Ähnlich wie beim ersten Beispiel sind auch beim dritten die Leitwörter abwechselnd schmutzigweiß und rußschwarz eingeschrieben (Abb. 3)[21]. Sie lenken, in der Art des zweiten Beispiels erneut konzentriert auf die optisch direkt umsetzbare Aussage «Schwarze Milch»[22], den Blick des Betrachters zuallererst auf die dadurch gebildeten parallelen Schräglinien. Beim weiteren Hinsehen indes bemerkt man schnell, wie eng sie verbunden sind mit der aschegrauen Ausfüllung fast der gesamten übrigen Bildfläche. Kaum merklich läuft die graue Masse an den Rändern in einen rotfleckigen Saum aus. Insofern wäre das Bildzentrum ausschließlich in den ‹Nichtfarben› Schwarz und Weiß sowie deren Mischung gehalten, wenn nicht an einigen Stellen die Bildkomposition einen kobaltblauen Farbauftrag bekommen hätte. Die Übermalung mit der Primärfarbe Blau als Ausdruck der «inneren Unermeßlichkeit»[23] mag zunächst überraschen. Doch erzeugt die spannungsvolle Abhebung durch die intensive Grundfarbe eine transformatorische Bewegung. Zwei kräftige Farbstriche und einige wenige Tupfer genügen, um die Gesamtfläche zum Psychogramm einer inneren Verfassung zu machen. Nicht Transzendenz oder Sehnsucht der Bläue sollen zur Geltung kommen, sondern das Bewußtsein eines unwiderruflichen Abschieds. Lakner nutzt hier die Farbe Blau zur Ausgestaltung eines abstrakten Seelenbilds im Zeichen von Kälte, Tod und Erinnerung.

Alle drei Lösungen «rezitieren» und evozieren eine symbolische Realisation des im Abbild nicht Faßbaren. Im einen Fall geht der Weg der Gestaltung über die bildnerisch-unmittelbare Dechiffrierung der «schwarzen Milch der Frühe», im andern Fall über den Reflex der Blutspur und des Leidens derjenigen, die jene «schwarze Milch» trinken

Abb. 2:

László Lakner

«Schwarze Milch», 1983

275 x 210 cm
Acryl und Sprayfarbe auf Laken

Abb. 3:

László Lakner

«Celan», 1983/87

255 x 215 cm
Mischtechnik auf Laken

mußten, im dritten Fall über das Signal eingedenker Klage. Lakners Bildtexte sind visuell nachvollziehbare Zeugnisse der Erinnerung, Konkretionen der strukturellen Bedeutungsskala der Celanschen Leitmetapher. Sie öffnen dem Betrachter einen Erfahrungsraum, welcher gleichermaßen auf Einfühlung wie auf Reflexion hinwirkt. Ohne seine künstlerische Handschrift hintanzustellen, leistet Lakner so eine adäquate Präsentation des schwer zugänglichen Oxymorons. Man kann ihm darum durchaus zuerkennen, was Juan Gris einmal von sich sagte: «Die Spannung für meine Arbeit finde ich in der Poesie»[24].

Eine vergleichbare Affinität zur Literatur kann ohne weiteres dem Werk von Anselm Kiefer zugesprochen werden. Denn ein guter Teil seiner Arbeiten hat ebenfalls mit dem Buch zu tun. Nicht von ungefähr lautete der Titel einer von Götz Adriani zusammengestellten Ausstellung: «Anselm Kiefer – Bücher 1969-1990»[25]. In seiner Einleitung zum Katalog konstatiert der Ausstellungsmacher sogar: «Fragt man nach jener Bildgattung, die den Werdegang Kiefers mit allen inhaltlichen und formalen Ausrichtungen am deutlichsten nachvollziehen läßt, stößt man unwillkürlich auf seine Beschäftigung mit dem Buch.»[26] Der Grund dafür ist in den vielfältigen Interessen Kiefers an Geschichte und Mythos zu suchen, vor allem aber in dem, was der in historischen Dimensionen denkende Künstler das «deutsche Volksgesicht» genannt hat.[27] Ihm ist er in all seinen Ausprägungen systematisch nachgegangen: Von der Hermannsschlacht im Teutoburger Wald bis zum «Unternehmen Seelöwe», vom Rhein-‹Mythos› und den Nibelungen bis zu Wagner, Speer und Hitler, vom ironisch entlarvten Bretterwalhalla für «Deutschlands Geisteshelden» bis zur Politaktion ‹Volkszählung› («60 Millionen Erbsen»), vom «Kyffhäuser» bis zu den umstrittenen satirischen «Besetzungen» in Gestalt performanceartiger Inszenierungen des Hitlergrußes. Kein anderer deutscher Maler hat sich darum auch so umfassend und detailliert der deutschen Geschichte im Dritten Reich und hier wiederum in erster

Linie der Judenvernichtung in einer Fülle bildnerischer Auseinandersetzungen gestellt. Mit gutem Grund hat Kiefer deshalb 1990 den Preis der Wolf-Foundation in Jerusalem erhalten und in der Knesset, dem israelischen Parlament, ausgehändigt bekommen.

Einen wichtigen Sektor von Kiefers umfangreichem Werkkomplex bildet seine Beschäftigung mit der Geschichte des Judentums, mit dessen Mystik, der Kabbala, sowie mit der ‹Endlösung der Judenfrage›. Bildtitel wie «Jerusalem», «Das rote Meer», «Sefirot», «Lilith» oder «Nürnberg» belegen das hinreichend. Da kann es nicht wundernehmen, daß ihn auch das Werk Celans wiederholt angezogen hat. Eine seiner Rauminstallationen trägt den Titel «Mohn und Gedächtnis». Es ist die Überschrift von Celans erster in Deutschland erschienenen Gedichtsammlung. Besonders nachhaltig wirkte sich jedoch der künstlerische Umgang mit den beiden Frauengestalten der «Todesfuge» – Sulamith und Margarete – aus. Ähnlich wie in Lilith oder Jason sah Kiefer in ihnen Symbolzeichen für menschliche Grundhaltungen. Sulamith wurde geradezu zur Identifikationsfigur, zum Reflex der eigenen Betroffenheit angesichts der jüdischen Leiden in der Zeit des Nationalsozialismus’. Das dadurch erzielte Ergebnis überrascht wegen seiner ebenso komplexen wie komprimierten Bedeutung. Die Bild-Metapher eröffnet uns nämlich in voller Breite die düsteren Horizonte des historischen Mordpanoramas.

Letztlich hat das damit zu tun, daß Kiefer den Standpunkt vertritt: «Man kann vom Allgemeinen ins Einzelne gehen, oder man geht vom Einzelnen ins Allgemeine, und das tue ich». Die Bemerkung gibt Aufschluß über das wiederholt von ihm bekundete Bedürfnis, sich einem «Zentrum» zu nähern. Deswegen interessiert ihn auch nicht die Geschichte an sich, sondern «nur [die] Verarbeitung von Geschichte». Demzufolge reduziert sich die bildlich heraufbeschworene Geschichte in seiner Sicht auf «Aspekte oder Reste eines Themas»[28]. Allerdings kann man sagen, daß Kiefer mit seinen Erinnerungsbildern zum provozierendsten Geschichts- und Mythenerzähler für unsere Zeit geworden ist. Dabei legt er Wert darauf, «kein Symboliker, auch kein Allegoriker» zu sein, denn er vertraut lieber «auf die Dinge selbst»[29]. Darum liegt der Akzent seiner Verbildlichungen stets auf der Materialität. Sie ist integraler Bestandteil der konzeptionellen Anlage. Kiefers großformatige Bildobjekte erzwingen förmlich die Beteiligung des Betrachters. Wir können uns den von ihm geschaffenen, spannungsvoll angelegten Bildräumen nicht entziehen, weil wir spüren, daß malerische Inszenierung und moralische Erschütterung hier zusammenfallen.

Im Unterschied zu den zwar konzentrierend wirkenden Bildern Lakners, deren Ausdrucksdimension jedoch allein schon durch die extreme Wort- und Textakzentuierung stark vereinseitigt wird, geht es Kiefer um eine radikale Öffnung seiner Bildlandschaften. Die eigene Situation beim Malen beschreibt er interessanterweise mit folgenden Worten: «Das Bild, an dem ich arbeite, wird zu meinem Gegenüber, das mich etwas fragt». Demnach setzt er entschiedenermaßen auf die Denkbewegung eines wachen Bewußtseins. Es kommt einem Bekenntnis gleich, wenn er von sich sagt: «Ich bin kein Maler, der aus dem Bauch malt.»[30] – In gleicher Weise gilt das für den Betrachter seiner Bilder. Die rigorose Funktionalität von Bildgestaltung und Bildrezeption ruft optische Erfahrungen wach, die in der Art einer Expedition dazu anregen, Entdeckungen zu machen, vertraute Horizonte auszuweiten.

Im Vordergrund stehen dabei Wiederentdeckungen, Erinnerungen. Deshalb ist hierfür die historische und die mythische Dimension so wichtig. Aus beiden kann organisch Erkenntnis erwachsen – und zwar konkrete Erkenntnis. Infolgedessen werden Sulamith und Margarete nicht herbeizitiert als feste Namen mit klarem Profil. Eher bilden sie ein personales Kraftfeld, in dem verschiedene historische Linien zusammenlaufen. Die Erschließung des daran geknüpften Bedeutungsfazits ist Aufgabe eines individuellen Erkenntnisvorgangs, zunächst beim Künstler, hernach beim Rezipienten. Unter solchen Prämissen formulierte

Kiefer seine Überzeugung: «Das einzelne Individuum ist das Sandkorn, um das sich eine Perle bildet.»[31] Wie aber, muß nun gefragt werden, steht es um Beschaffenheit und Wirkung der zwei für unseren Zusammenhang exemplarischen «Perlen» – Sulamith und Margarete?

Beide Figuren sind motivisch eng verzahnt mit den thematischen Grundlinien des Kieferschen Werks: Margarete mit «Wölundlied», «Meistersinger», «Nürnberg», «Johannis-Nacht» und anderen, Sulamith mit den verschiedenen Themen aus der Geschichte des Judentums, insbesondere aber – ganz wie bei Celan – mit dem Holocaust und der Shoa. Ungeachtet ihrer polaren Gegensätzlichkeit stellen die jeweiligen Bildlösungen der Zyklen deutlich Variationen eines gleichen inhaltlichen Kerns dar. Es sind historisch angelegte Suchbilder zur Erkundung unseres gegenwärtigen Bewußtseins. Man kann deswegen Petra Kipphoff nur zustimmen, wenn sie in diesen Suchbildern «Elegie und Beschwörung» in einem sieht.[32]

Betrachten wir zunächst ein Beispiel der Margareten-Serie, das Bild «Dein goldenes Haar, Margarethe» (s. Abb. 4). Außer den üblichen Materialien (Ölfarbe, Emulsion und Leinwand) springt hier sogleich das verwendete Stroh ins Auge. Unmittelbar unter der Horizontlinie oben im Bild ist das Celan-Zitat eingeschrieben. Im Vergleich zu Lakner wirkt die Schrift bei Kiefer, wie gesagt, mehr peripher. Sie ist lediglich Ausgangspunkt einer komplexen Bildaktion. Fast der gesamte Bildgrund gibt eine reale Landschaft wieder, die sehr stark den erdfarbenen, häufig auch verbrannten Gegenden ähnelt, die wir aus Bildern wie «Märkischer Sand» oder «Maikäfer flieg» und «Nürnberg» kennen. In unseren Blick fallen sogleich die strikt auf den Fluchtpunkt hingeführten perspektivischen Linien zerfurchter Wege und Felder. Manche wollen darin die Umrisse einer Selektionsrampe in den Vernichtungslagern ausmachen. Sie verwechseln indes dabei erlaubte Assoziation und Bildrealität. Direkt abgebildet wird etwas anderes. Rote Farbtupfen und wenige, knappe Striche deuten einzelne verstreute Häuser an. Über dieser weiten

Ödlandschaft lastet ein düster-grauer Himmel, der den oberen Bildrand abgrenzt. Was sich dann aber dem Betrachter vor allem einprägt, sind die beiden Strohbüschel sowie einige kraftvoll aufgetragene, den Vordergrund des Bildes bestimmende Übermalungen. Ihre Funktion ist klar ersichtlich: Sie überformen den Abbildcharakter und sprengen so die mimetische Begrenztheit.

Eine ungute, teilweise stahlgraue, sodann hauptsächlich grell schwarz akzentuierte Atmosphäre liegt schwer über dem Ganzen. Es sind die eindeutigen Zeichen eines anders nicht beschreibbaren grausigen Ereignisses, das die unterlegte fade Landidylle ins Schrecklich-Apokalyptische umkippen läßt. In der wahrlich verlorenen Landschaft ist etwas direkt nicht Sichtbares, etwas nicht mehr zu Sehendes vor sich gegangen. Jedoch ist und bleibt sie davon, wortwörtlich, gezeichnet. – Das eigentliche Bildzentrum aber bildet das aufgeklebte Stroh. Die beiden Strohbüschel formen einen schräg um die Bildmitte gelegten Halbkreis. Einerseits sind sie das natürliche Produkt der im Bild zu sehenden Felder in quasi vergrößernd herausgelöster Materialität. Andererseits repräsentiert das Stroh das «goldene Haar» der strohblonden Margarete. Pars pro toto stehen die ausgetrockneten Halme ferner für das bewußt ausgesparte Gesicht sowie für den gleichfalls ausgelassenen Körper Margaretes, ja mehr noch: für ein Deutschland unter dem Druck der Barbarei. Von jenem Deutschland ist nichts als ‹leeres Stroh› übriggeblieben. Allerdings ist es im Begriff, vollends an den Flammen zu vergehen, die es selber in die Welt gesetzt hat.[33] Das punktuell flackernde Feuer bringt in den pikturalen Prozeß eine sinnbildhafte Untergangsbewegung. Sie ist so etwas wie die letzte Stufe eines Unheilgeschehens mit vielfältigen Kausalitäten und Implikationen. Diese bilden in ihrer Verflechtung den wahren Gegenstand der Kieferschen Bildlösung. Die Landschaft dient bloß als «Anlaufstrecke» hierzu.[34] Völlig zutreffend sagt der Künstler deshalb von sich: «Ich lasse mich treiben, aber ich kenne die Strömung, die ich mir ausgesucht habe.»[35] Irritierend, gewollt irritierend lagern die

Abb. 4:

Anselm Kiefer

«Dein goldenes Haar, Margarethe», 1981

130 x 170 cm
Öl, Acryl, Emulsion, Kohle, Stroh auf Rupfen

Abb. 5:

Anselm Kiefer

«Dein aschenes Haar, Sulamit», 1981

170 x 130 cm
Öl, Acryl, und Emulsion auf Leinwand

Schatten der perversen Geschichte von Holocaust und Shoa über dem ganzen Bild. Insofern besteht eine innere Beziehung zu der kontrapunktischen Figuration Sulamiths.

In wie starkem Maß es sich hier tatsächlich um ein Gegensatz-Pendant handelt, wird besonders deutlich an dem ebenfalls 1981 entstandenen Bild «Dein aschenes Haar, Sulamit» (s. Abb. 5). Diesmal plaziert Kiefer das Celan-Zitat als Leitformel am linken oberen Bildrand. Schriftspuren lassen sich auch oben rechts ausmachen. Vom Namen Sulamiths sind dort nur noch drei Buchstabenrelikte zu sehen. Die darübergemalte Häuserwelt hat den Namen beinahe ganz getilgt. Fast beiläufig schafft der Künstler so ein aussagestarkes punktuelles Symbol für den thematisierten Mordvorgang. – Im Zentrum der eigenartigen Konfiguration steht eine, in klaren Umrissen erfaßte, nackte weibliche Gestalt mit ausgeführter, schöner Körperlichkeit. In antipodischer Setzung überdeckt diese Erscheinung blühenden Lebens das kaskadenartig herabfallende, jäh ergraute Haar. Überproportional gesteigert, aber in erkennbarer Strukturhomologie zum Haar des Margareten-Bilds, verdeckt es so gut wie ganz das Gesicht der Sulamith-Figur. In gesuchter Simultaneität, die letzten Endes viel zu tun hat mit filmischer Technik[36], verschwindet der persönliche Ausdruck des ausgelöschten Lebens – das Gesicht – hinter der Haarfülle. Sulamith ist allein noch präsent mit ihrem Leiden. Über ihren Körper ergießt sich darum ein Blutstrom, der sich bis in die untere Bildhälfte hinein fortsetzt. Unmittelbar nebeneinander sehen wir demnach, was war und was ist. Die nicht von Blut besudelten Beine der Sitzenden bekunden durch den starken Kontrast die abgewürgte Lebensenergie. Von der brutal hingemordeten Sulamith ist nur noch die blutige Zerstörung des Körpers zeugnishaft sichtbar. Ihre Existenz ist in Schwärze und aschgrauer Düsternis untergegangen.

Diese ‹schmutzigen› Farbwerte bestimmen folgerichtig den ganzen Bildgrund. Damit aber ist die narrative Simultaneität der Methode Kiefers noch nicht erschöpft. Etwa einem Sechstel der Bildfläche sind oben rechts die Umrisse dreier erleuchteter Hochhäuser aufgemalt. Eine am rechten Bildrand gerade noch sichtbar angedeutete Landschaft liefert den nötigen Hintergrund. Die dunklen Häuserfassaden mit ihren schimmernden Fensterreihen signalisieren eine ‹normale› Wohnwelt. Sie konfrontieren den Ort des traurigen Sulamith-Geschehens mit einer davon nicht berührten (nicht berührt sein wollenden) Wirklichkeit. Mörder und Mitwisser führen ihr Leben ohne Skrupel in aller Ruhe weiter. Für den Betrachter kann das nur heißen, gegen diese perverse Distanz seine Betroffenheit zu setzen.

Von hier ist der Weg nicht weit zu einem anderen Bild der «Sulamith»-Folge, das beim ersten Hinsehen dadurch überrascht, daß die jüdische Symbolgestalt überhaupt nicht zu sehen ist[37]. Stattdessen erkennen wir die auch auf anderen Bildern Kiefers[38] schmerzlich-ironisch und anklagend zitierten megalomanen Architekturformen der Baumeister Hitlers[39]. Gezeigt wird also die widerwärtige Grablege der Täter. Deren hohle und erstarrte Pathetik füllt den Bildraum mit ihrer lastenden Wucht aus. Wäre da nicht die Zuschreibung «Sulamith» oben links im Bild zu lesen, sowie ein noch brennendes Feuer aus sieben Flammen im perspektivischen Fluchtpunkt der makabren Halle zu sehen, könnte die Ausdrucksintention des Künstlers lediglich in der Entlarvung eines barbarischen Systems durch ungeschminkte Wiedergabe seiner Architektur gesucht werden. So aber wird durch Widmung und Flammensymbolik eine das Abbild aufhebende Wirkung erzielt. Die Nachbildung der geplanten Nazi-‹Heldengruft› verwandelt sich für den genau mitvollziehenden Betrachter mit einem Schlag in die anklagende Visualisierung einer Schädelstätte. Mörder haben hier ihr Werk ausgeführt. Resultat der malerischen Gestaltung ist demzufolge eine systematische Demontage der angemaßten ‹Heldenehrung›. Von Sulamith und ihresgleichen aber flackert bloß noch die siebenfache Flammenspur der Erinnerung. In der Aussparung der Sulamith-Figur aus dem Bildgeschehen offenbart sich auf subtile Weise eine letzte Konsequenz der Darstellung ihrer Leiden.

Darüber hinaus gibt es allein die Darstellung eingedenker Erinnerung. In zwei «Sulamith»-Zyklen hat sich Kiefer 1990 im Rahmen der Bleibücher einläßlich dieser Seite des Themas angenommen. Er knüpfte dabei an die Serie des von ihm so genannten «Haarbuchs» von 1970 an.[40] An die Stelle der damals verwendeten Materialien – Haare, Fingernägel und Tesafilm auf Karton – treten allerdings neue: große metalle Bildkörper mit gelötetem Blei als Bildträger und damit auch als Bildgrund sowie Frauenhaar und Asche (s. Abb. 6). Schon die materiale Basis stellt also einen Reflex der nationalsozialistischen Judenvernichtung dar. Was zuvor Ergebnis pastoser Maltechnik war, wird jetzt mit Hilfe des Lötkolbens herbeigeführt. Hin und wieder fixiert Kiefer auch kurzerhand ein sorgsam ausgewähltes Stadium des metallischen Verwitterungsvorgangs. In diesen Bildobjekten tritt infolge der mechanischen oder chemischen Bearbeitung das Abbildhafte ganz zurück. Frauenhaar und Asche auf bleiernem Grund sowie das Zitat des Namens ‹Sulamith› sind die einzigen ‹Realien› der ästhetischen Konstruktion. Sie strukturieren den Bildträger zum Relief um. In ihrer Verbindung stehen sie ganz im Dienst eines einheitlichen Ausdrucksgestus'. Wir bewegen uns auf dem von Celan so genannten «Gelände mit der untrüglichen Spur»[41]. Diese Spur ist der graugrün und graugelb schillernden bleiernen Landschaft eingeschrieben. Der Betrachter kann sie ihr ablesen und sich so in die Reflexion Kiefers hineinbegeben. Sie zielt, wie schon betont, auf «das Wiedererkennen dessen, was war, und die Dämmerung der kommenden Konturen»[42].

Dabei geschieht etwas sehr Merkwürdiges. Die Bilder eingedenkender Trauer und Anklage sind zugleich schön – von befremdender Schönheit. Sie sind keineswegs schön im Sinne einer Ästhetisierung des Grauens, denn das käme einer Pervertierung der Kunst gleich, aber in einem nicht leicht nachzuvollziehenden Akt des qualitativen Umschlagens in neue Konstruktivität. Die Umrisse neuer, unbekannter Schönheit stehen für eine Vision des «Unmöglichen»[43], die das Bisherige auf-

Abb. 6:

Anselm Kiefer

«Sulamith», 1990

101 x 63 x 11 cm. 64 Seiten
Gelötetes Blei, Frauenhaar und Asche

hebt. Sie allein macht aus dem «Sandkorn» des Kieferschen Vergleichs eine «Perle». Zutreffend hält er deshalb dafür: «Das ‹Schöne› gibt es ‹nur› als Komplementäres.»[44] Ohne Erinnerung und Wiedererkennen ist ein solcher Weg ins «Offene und Freie»[45] nicht zu leisten. Darum vertritt Kiefer die Auffassung: «Meine Bilder wachsen in Sedimenten. [...] Ich bin auch ein Sediment. Ich bin etwa 2000 Jahre alt. [...] Zwei Zeiten korrespondieren miteinander: die ‹kleine› individuelle Menschenzeit und die ‹große› Weltenzeit. Eine osmotische Beziehung, wobei die Leinwand die Membran ist.»[46]

Unter derartigen Ansprüchen bringt Kiefer seine Bilder metaphorisch zum Sprechen. Hierbei erfüllt sich eine Kernvorstellung Celans. Er hat sie im Gedicht als den «wunden Gewinn einer Welt» bezeichnet[47] und den dafür einzuschlagenden Weg klar gewiesen: «Die Träne [...] holt dir die Bilder»[48]. Solche Bilder können auch als Weiterungen auf den Text der Celanschen «Todesfuge» zurückwirken. Daran erweist sich die Stimmigkeit des Satzes: ‹Text wird Bild wird Text»[49]. Aber ebenso gilt dessen Umkehrung: Bild wird Text wird Bild. Jedenfalls trifft das zu für die malerischen Anverwandlungen der lyrischen Motive durch Lakner und Kiefer. Wir stehen vor dem beglückenden Phänomen kommunizierender Röhren zwischen den Schwesterkünsten. Ihre ‹konzertierte Aktion› nachzuvollziehen, ist freilich ohne Dialektik nur schwer zu lösen. Lassen wir deshalb Celan das letzte Wort: «Nachdenken hilft»[50].

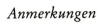

Anmerkungen

1 Zenck, Martin: «... es sind / noch Lieder zu singen jenseits / der Menschen». Vier Kompositionen des Gedichts ‹Fadensonnen› aus Paul Celans ‹Atemwende› (mit einer Synopsis von Kompositionen auf Gedichte von P. Celan). In: Buhr, Gerhard / Reuß, Roland (Hg.): Paul Celan: ‹Atemwende›. Materialien. Würzburg 1991, S. 267-297 (vor allem: S. 267-280).

2 Zu verweisen ist hier besonders auf malerische Verarbeitungen der Celanschen Dichtung im Werk von Gerhard Hoehme und Anselm Kiefer. Beide haben verschiedene Zyklen zu Motiven Celans gestaltet (Hoehme vor allem zur «Engführung» sowie zu einer Reihe eigens von ihm ausgewählter Gedichte, Kiefer in erster Linie zum Sulamith-Motiv). Einschlägige Bildfolgen hat auch László Lakner vorgelegt; neuerdings gleichfalls einen ganzen Zyklus zur «Todesfuge».

3 Schwerin, Christoph von: «In die Rillen der Himmelsmünze das Wort gepreßt». In: Die Welt, Nr. 67 (20.3.1990), S. 29. Celan schrieb zwar 1948 den Essay «Edgar Jené und der Traum vom Traume» als Vorwort für eine Präsentation von Bildern Jenés; doch sind die dort vorgenommenen Bestimmungen eher eine indirekte poetologische Verlautbarung zum damaligen ästhetischen Programm Celans.

4 «Atemkristall» ist die Überschrift des ersten Zyklus' der 1967 veröffentlichten Gedichtsammlung «Atemwende». Die Sonderausgabe unter dem Titel «Schwarzmaut» erschien 1969. Die darin enthaltenen Gedichte bilden den ersten Teil der 1970, unmittelbar nach dem Tod Celans, an die Öffentlichkeit gebrachten Gedichtsammlung «Lichtzwang».

5 Brief v. 29.3.1965. Zit.n.: Schwerin, Christoph von: a.a.O., S. 29.

6 Undatierter Brief aus dem gleichen Zeitraum (Anfang 1965). Zit.n.: drs., ebd., ibid..

7 László Lakner kam 1936 in Budapest zur Welt; Anselm Kiefer ist 1945 in Donaueschingen geboren (also im Jahr der Entstehung der «Todesfuge»).

8 Mon, Franz: Text wird Bild wird Text. In: Ritter-Santini, Lea (Hg.): Mit den Augen geschrieben. Von gedichteten und erzählten Bildern. München 1991, S. 231.

9 Kurz, Gerhard: Metapher, Allegorie, Symbol (= VR 1486). Göttingen 1982, S. 8.

10 Goodman, Nelson: Sprachen der Kunst. Frankfurt/M. 1973, S. 79.

11 Nach Auskunft des Künstlers entstand das erste Bild 1981 in New York. Bis 1983 folgten drei weitere Bilder zum gleichen Thema. Außerdem malte Lakner im selben

Zeitraum zehn Papierarbeiten zum Thema der «Schwarzen Milch».

12   Vgl. zu den hierzu von mir ausgewählten Bildern Kiefers den Katalog der Ausstellung
     in Philadelphia 1987: Rosenthal, Mark: Anselm Kiefer. Chicago und Philadelphia
     1987, S. 96 und 97.

13   Einen guten Überblick über beide «Sulamith»-Bücher bietet der Katalog der von
     Götz Adriani gestalteten Ausstellung in Tübingen, München und Zürich. S. hierzu:
     Adriani, Götz (Hg.): Anselm Kiefer – Bücher 1969-1990. Stuttgart 1990, S. 290-313
     und 314-331. Von mir ausgewählt wurde das Titelbild des ersten Buches.

14   Typisch für eine solche agitierende Ausschlachtung ist etwa die bildliche Umsetzung des
     sog. ‹Aachener Mauermalers› mit seiner zwar menschlich sympathischen, künstlerisch
     indes schematisch verkürzten Bildpathetik. S. hierzu: Der Aachener Mauermaler (Post-
     kartenserie des Alano-Verlags). Aachen 1984. Das Wandbild «Der Tod ist ein Meister
     aus Deutschland» wurde 1979 angefertigt und bald danach «behördlich weggeätzt».

15   Vgl. hierzu meine Interpretation der «Todesfuge» in dem Band: «Muttersprache –
     Mördersprache». Celan-Studien I. Aachen 1993 (im Kapitel: «‹Die Todesfuge› oder
     Lyrik nach Auschwitz»). Dort sind alle hier nur angedeuteten Bestimmungen aus-
     führlich dargestellt.

16   Hoheslied 7: 6.

17   Kiefer, Anselm: Über Räume und Völker (= st 1805). Frankfurt/M. 1990, S. 159
     («Räume und Völker in unserer Zeit. Ein Gespräch»). Sigle: ÜRV.

18   de la Motte, Manfred: Bateau Ivre – und andere imaginäre Schriften. Neun Enigmati-
     ca zur Arbeit von László Lakner. In: László Lakner (Katalog der Galerie Nothelfer).
     Berlin 1985, S. 13.

19   So Heiner Stachelhaus in einer Rezension: NRZ Essen (21.9.1979).

20   Wiegenstein, Roland H.: Erinnerungen – gefangen im Raum, freigelassen in der Flä-
     che. In: László Lakner (Katalog der Galerie Georg Nothelfer) . Berlin 1985, S. 6.

21   Beim ersten Beispiel sind die Schriftzüge in der oberen Bildhälfte schmutzigweiß ge-
     halten, zusätzlich aber tiefschwarz grundiert und dann in der Folge – ausschließlich
     schwarz – im unteren Bildteil weitergeführt. Beim dritten Beispiel sind Weißgrau und
     Schwarz umgekehrt verteilt: oben dominiert die schwarze Schriftausführung, unten
     die graugemischte.

22 Trotz gleicher Reduktion des Wortmaterials fällt ein wesentlicher Unterschied auf: Im Gegensatz zum zweiten Beispiel fehlt beim dritten die Dynamisierung der Bildoberfläche durch den Duktus der Schrift. Hier bilden die beiden Wörter zwei Blöcke als Begrenzung der Bildmitte.

23 So Pierre Restany in seinem Beitrag zu dem Sammelband: Blau: Farbe der Ferne. Hg.v. Hans Garcke. Heidelberg 1990, S. 15.

24 Gris, Juan: Notes sur ma peinture. In: Der Querschnitt 1/2, 1923 (Frankfurt/M.), S. 78.

25 Adriani, Götz (Hg.): Anselm Kiefer – Bücher 1969-1990 (Katalog der Ausstellung in Tübingen, München und Zürich). Stuttgart 1990.

26 Drs.: a.a.O., S. 9 («Jede Gegenwart hat ihre Geschichte»).

27 So lautet ein Buchtitel Kiefers («Das deutsche Volksgesicht. Kohle für 2000 Jahre»; 1974). Der Maler verwendet den gleichen Begriff auch an anderer Stelle: ÜRV, S. 162.

28 »Bei Anselm Kiefer im Atelier« (Werkstattgespräch von Axel Hecht und Alfred Nemeczek mit Kiefer). In: art 1/1990, S. 30-48 (Zitate: S. 41 und 42).

29 Zit.n.: Honisch, Dieter: Die Bildwirklichkeit Kiefers. In: Anselm Kiefer (Katalog der Ausstellung in der Nationalgalerie Berlin) 1991, S. 11.

30 Werkstattgespräch (s. Anm. 28), S. 44.

31 Dito: S. 47.

32 Kipphoff, Petra: Das bleierne Land. In: Die Zeit, 31/1989 (28.7.1989).

33 Unter den Eindrücken des gegenwärtig grassierenden Rechtsradikalismus bietet sich eine ergänzende Interpretation an: Es handelt sich nicht um weiterschwelende Brände, sondern um einen neu entfachten Brand, dessen destruktive Wirkung freilich die gleiche bleibt.

34 ÜRV, S. 167.

35 ÜRV, S. 162.

36 Jack Flam hat darauf in einer Rezension hingewiesen; er betont dort im Hinblick auf Kiefers Bilder: «Although they frequently suggest an almost cinematic sense of narrative [...]« (Flam, Jack: The Alche mist. In: The New York Review of Books, 13.2.1992, S. 31-36; Zitat: S. 34).

37 S. hierzu: Rosenthal, Mark: Anselm Kiefer (Katalog der Ausstellung in Philadelphia und Chicago). Philadelphia 1987, S. 118 (Farbtafel 63). Es handelt sich um ein sehr großes Bild (290 x 370 cm) aus verschiedenen Materialien (Öl, Acryl, Emulsion,

Schellack, Stroh auf Leinwand und Holzstücke). Das Werk ist 1983 entstanden und gehört zur Saatchi Collection in London.

38 Beispiele dieser Art sind etwa: «Der Rhein», «Dem unbekannten Maler», «Athanor», «Die fünf törichten Jungfrauen», «Innenraum», «Die Treppe».

39 Vgl. hierzu: Rosenthal, Mark: a.a.O. (s. Anm. 37), S. 106-119.

40 S. hierzu: Adriani, Götz (Hg.): a.a.O. (s. Anm. 25), S. 362 f. (Verzeichnis der ausgestellten Bücher).

41 So im Gedicht «Engführung». Celan, Paul: Gesammelte Werke in fünf Bänden. Hg. v. Beda Allemann und Stefan Reichert. Frankfurt/M. 1983 (Sigle: GW). GW 1, S.197 und 204.

42 ÜRV, S. 159 (vgl. Anm. 17).

43 Werkstattgespräch (s. Anm. 28), S. 48.

44 ÜRV, S. 158.

45 Celan greift mit dieser Formulierung aus der «Meridian»-Rede auf Hölderlins bekannten Vers aus der Elegie «Der Gang aufs Land» zurück (GW 3, S. 199).

46 Werkstattgespräch (s. Anm. 28), S. 48.

47 GW 2, S. 307 («Fahlstimmig»).

48 GW 1, S. 187 («Ein Auge, offen»).

49 Vgl. Anm. 8.

50 So Celan im Gespräch mit Christoph Graf Schwerin («Bitterer Brunnen des Herzens». Erinnerungen an Paul Celan. In: Der Monat 33, Nr. 279. 1981).

Originalausgabe

Umschlag: László Lakner 1992, 27,5 x 37 cm, Mischtechnik
Vorsatzpapier: László Lakner 1992, 27,0 x 37,5 cm, Tuschzeichnung

Bildnachweis: Abb. 1 bis 3 im Privatbesitz des Künstlers
Abb. 4: Sammlung Sanders, Amsterdam.
Abb. 5 und 6: Privatsammlung

Unser Dank gilt den Künstlern László Lakner, Anselm Kiefer
und der Galerie Heimeshoff (Essen)
für die freundliche Unterstützung sowie der Stiftung Kunst und Kultur
des Landes NRW für die finanzielle Förderung des Projektes

**STIFTUNG
KUNST UND KULTUR
DES LANDES NRW**

Die Deutsche Bibliothek – CIP-Einheitsaufnahme

Buck, Theo: Celan-Studien / Theo Buck. - Orig.-Ausg. – Aachen : Rimbaud
NE: Buck, Theo: [Sammlung]
Orig.-Ausg.
2. Bildersprache : Celan-Motive bei László Lakner und Anselm Kiefer.-1993
ISBN 3-89086-883-5

© 1993 Rimbaud Verlagsgesellschaft mbH
Postfach 86, D-52001 Aachen
Titel und Satz: Rimbaud Verlag, Walter Hörner
Schrift: Stempel Garamond
Papier: Gardapat 13, säurefrei
Lithos: Heinrich Miess, Köln
Druck und Bindung: Fuldaer Verlagsanstalt
Printed in Germany
ISBN 3-89086-883-5

Der Verlag sendet Ihnen gerne sein neuestes Verzeichnis zu